BELONGS TO:

____